LA BIBLIOTHÈQUE NATIONALE

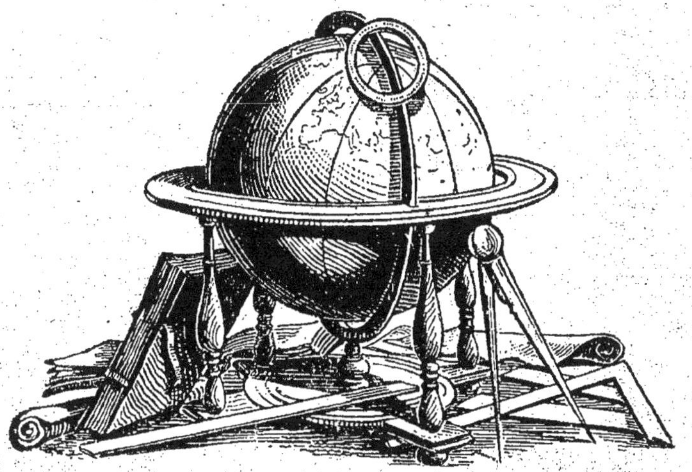

APERÇU HISTORIQUE

PAR TH. MORTREUIL

SECRÉTAIRE GÉNÉRAL DE LA BIBLIOTHÈQUE

ÉDITIONS ALBERT MORANCÉ

RENSEIGNEMENTS GÉNÉRAUX
SUR LA
BIBLIOTHÈQUE NATIONALE

I. — JOURS ET HEURES D'ADMISSION

Salles de Travail, 58, rue de Richelieu.

A. IMPRIMÉS, CARTES ET COLLECTIONS GÉOGRAPHIQUES.
 = *Salle des Imprimés :* Tous les jours non fériés de 9 h. à 18 h. l'été. Fermeture à 16 h. ou 17 h. l'hiver, suivant le jour.
 = *Salle de la Géographie :* Tous les jours non fériés de 9 h. à 17 h. l'été. Fermeture à 16 h. l'hiver.

B. MANUSCRITS. Tous les jours non fériés de 9 h. à 17 h. l'été. Fermeture à 16 h. l'hiver.

C. MÉDAILLES. Tous les jours non fériés de 9 h. à 17 h. l'été. Fermeture à 16 h. l'hiver.

D. ESTAMPES. Tous les jours non fériés de 9 h. à 17 h. l'été. Fermeture à 16 h. l'hiver.

Salle publique de Lecture, 3, rue Colbert.
 Tous les jours, même le dimanche, de 9 h. à 18 h. l'été. Fermeture à 16 h. ou 17 h. l'hiver, suivant le jour.

Visite de la Galerie Mazarine et du Département des Médailles.
 La visite a lieu les jeudi et samedi de 10 h. à 12 h. et de 13 h. 30 à 16 h.

II. — CONDITIONS D'ADMISSION

Salles de Travail : L'entrée est accordée sur demande écrite adressée à l'Administrateur général. Les étrangers sont invités à joindre à leur demande la référence du représentant de leur pays à Paris.

Salle publique de Lecture. Elle est ouverte sans carte.

Visite de la Galerie Mazarine. Elle est publique.

Visite du Département des Médailles. Les cartes sont délivrées sans formalité au Secrétariat de la Bibliothèque Nationale.

LA
BIBLIOTHÈQUE
NATIONALE

OUVRAGE ÉTABLI
PAR LES SOINS DES
ÉDITIONS ALBERT
MORANCÉ, A PARIS
30-32, RUE DE FLEURUS

1780

LIBRAIRIE CENTRALE
D'ART ET D'ARCHITECTURE
ANCIENNE MAISON MOREL
FONDÉE EN 1780

LA BIBLIOTHÈQUE NATIONALE

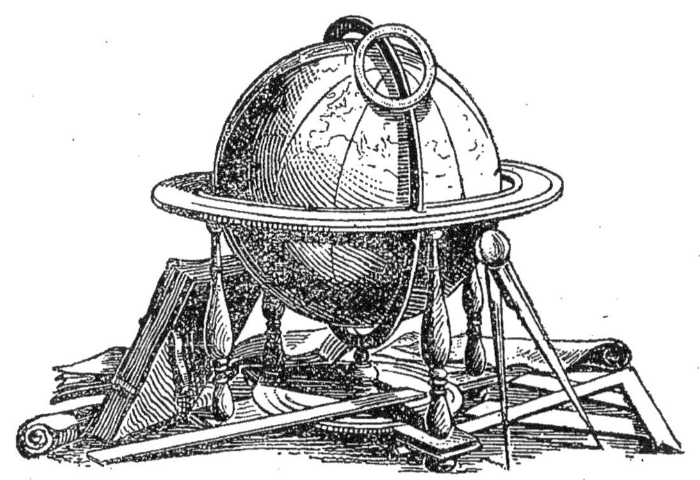

APERÇU HISTORIQUE

PAR TH. MORTREUIL

SECRÉTAIRE GÉNÉRAL DE LA BIBLIOTHÈQUE

ÉDITIONS ALBERT MORANCÉ

N ministre de l'Instruction publique ouvrant il y a quelque treize ans la première séance d'une Commission chargée d'étudier les services de la Bibliothèque nationale, disait en parlant d'elle : « C'est « une vieille et noble dame à laquelle tout Français « doit respect et affection ». En effet, c'est autant par l'ancienneté de ses collections que par leur richesse et leur nombre que notre grand dépôt national occupe un des premiers rangs, sinon le premier, parmi les établissements similaires du monde. Son origine se confond avec les premiers temps de notre histoire. Au nombre de ses plus anciens et précieux volumes, le Département des manuscrits conserve : l'Evangéliaire de Charlemagne écrit sur parchemin pourpré en 781, les Evangiles de Louis-le-Débonnaire, les Bibles de Charles-le-Chauve, la Bible de Blanche de Castille, reine de France, le Psautier de Saint-Louis. Mais si nos premiers rois ont possédé des livres de piété, véritables joyaux qui ne les quittaient jamais, ils n'avaient pas, à proprement parler, de bibliothèque. C'est Charles V qui le premier réunit dans une tour du château du Louvre une *librairie,* comme on disait

alors, contenant plus de 1200 volumes, et c'est lui qu'on peut considérer comme le véritable fondateur de la Bibliothèque nationale. Il eut un bibliothécaire, Gilles Malet, qui rédigea le catalogue de ses collections et le transcrivit sous forme d'un rouleau, encore conservé au Département des manuscrits. On y voyait figurer des livres ayant appartenu à son père, qui ont formé le noyau de la librairie du Louvre. Ce goût des livres était héréditaire dans la famille. Jean, duc de Berry, le père du roi, était un véritable bibliophile. Sa bibliothèque est représentée dans nos collections par 54 volumes. Louis, duc d'Orléans, fils de Charles V, rassembla à prix d'argent une collection de livres qui passa dans les mains de son fils Charles d'Orléans, le plus charmant de nos vieux poètes. Elle devait être réunie au fonds royal par l'avènement de Louis XII.

Cependant la librairie fondée par Charles V ne lui survécut guère. Abandonnée par Charles VI, elle subit le contre-coup des désastres de la guerre de Cent ans. La collection entière, estimée à la somme de 3.323 livres 4 sols, fut vendue pour ce prix au duc de Bedfort et passa en Angleterre. Elle fut dispersée à sa mort en 1435.

Ni Charles VII, ni Louis XI ne manifestèrent beaucoup de goût pour les livres. Charles VIII fut moins indifférent. Il rapporta d'Italie des manuscrits de la Bibliothèque des rois d'Aragon, et le Département des imprimés compte parmi ses plus précieux volumes, enrichis de miniatures, ceux dont le libraire parisien, Antoine Vérard, fit hommage au roi.

Louis XII, en montant sur le trône, apportait à la

Bibliothèque royale la magnifique collection qu'il tenait de ses ancêtres les ducs d'Orléans et qu'il logea dans les châteaux de Blois et d'Amboise. Il y fit entrer, à la suite des conquêtes du Milanais, une partie des livres rassemblés à Pavie par les Visconti et les Sforza. L'histoire moderne de la Bibliothèque date de son règne.

Avec François Ier, les collections royales s'enrichissent de la bibliothèque de son aïeul Jean le Bon et de son père Charles d'Angoulême. Son goût marqué pour l'antiquité lui fit rechercher de préférence les manuscrits en langues anciennes qu'il acheta en Italie, en Grèce et en Orient. De Blois les collections royales furent transportées au château de Fontainebleau, où elles furent installées somptueusement et ouvertes aux savants. François Ier aimait les belles reliures. La Bibliothèque contient un assez grand nombre de volumes imprimés et manuscrits reliés à ses armes. A son règne remonte l'origine du dépôt légal qui assure à la Bibliothèque nationale la possession de tout ouvrage imprimé en France.

Henri II hérita du goût de son père pour les reliures. Celles qui ont été faites pour lui ou pour Diane de Poitiers sont les plus belles de nos collections. Elles attestent le degré de perfection auquel était parvenu l'art de la reliure à l'époque des Grolier et des Maïoli.

Vers l'année 1570, la Bibliothèque du roi vint de Fontainebleau à Paris. En 1595, Henri IV l'installa dans le collège de Clermont, rue Saint-Jacques, aujourd'hui le Lycée Louis-le-Grand. De là elle passa au Couvent des Cordeliers dans une grande salle

située au-dessus du cloître, puis dans une maison de
la rue de la Harpe. C'est Colbert qui en 1666 lui donna
comme local deux maisons de la rue Vivienne lui
appartenant et voisines de son hôtel.

La protection que Louis XIV accorda aux lettres, les
marques d'intérêt qu'il donna à la Bibliothèque soit
en venant la visiter, soit en intervenant directement
dans les affaires qui en favorisaient le développement,
attirèrent sur elle l'attention publique et provoquèrent
des donations considérables. Mais ce fut surtout au
grand ministre du roi, à Colbert, que la Bibliothèque
dut ses admirables accroissements du xviie siècle. A sa
mort, le nombre de ses imprimés et de ses manuscrits
était doublé; elle s'était enrichie d'importantes collections de médailles et d'estampes, et sans être encore
constituée en quatre départements, comme elle l'est
aujourd'hui; elle avait déjà pris ce caractère d'univer-
salité qui en fait un établissement sans rival dans le
monde.

Deux hommes dont le nom est inséparable de l'histoire de nos collections à cette époque, Pierre et
Jacques Dupuy, gardes de la Bibliothèque du roi,
avaient collaboré à son catalogue avec un zèle et un
dévouement au-dessus de tout éloge. Ils voulurent en
mourant donner une dernière preuve de leur attache-
ment à la Bibliothèque, en lui léguant toutes leurs
collections, plus de 9.000 volumes imprimés et 200 manuscrits.

L'exemple que les frères Dupuy avaient donné
fût suivi dans la famille même de Louis XIV. Gaston
d'Orléans légua au roi en 1661 ses médailles, ses

Le Cardinal Mazarin dans sa bibliothèque (Galerie Mazarine).
Gravure d'Edelinck.

La Galerie Mazarine.
État actuel.

bronzes et ses pierres gravées. Ce legs fut le premier fonds et l'origine du Département des Médailles et Antiques.

En 1662, le comte de Béthune offre au roi 2.000 manuscrits « contenant tous les secrets de l'Etat et de la « politique depuis 400 tant d'années ». A la mort de G. Gaulmin, le roi achète 557 manuscrits orientaux et en 1661, 154 manuscrits de Raphaël Trichet Du Fresne. En 1667 la vente, au prix de 26.000 livres, de la collection de l'abbé Michel de Marolles fait entrer à la Bibliothèque 123.400 pièces, et vient y former le noyau d'un quatrième département, celui des Estampes qui, le dernier venu dans notre grand dépôt, ne tarda pas à égaler ses aînés par l'intérêt artistique et historique des documents qu'il renferme et par leur inestimable valeur.

Colbert ne se borna pas à rechercher en France tout ce qui pouvait contribuer au développement des collections royales. Il voulut que les intérêts de la Bibliothèque fussent également servis à l'étranger. Aidé dans cette noble tâche par son secrétaire Baluze pour la recherche de documents existant en France, il employa son bibliothécaire Pierre de Carcavy à rédiger des instructions à nos agents d'Italie, de Grèce, d'Egypte, de Perse, en vue de l'enrichissement de nos dépôts. Des centaines de manuscrits grecs et orientaux et de nombreuses médailles vinrent par cette voie s'ajouter au fonds royal, « le nouveau Cabinet des Médailles en fut presque augmenté de moitié ». De tels résultats ne passèrent pas inaperçus et Colbert pouvait être fier de son œuvre, lorsqu'en 1681, le roi vint visiter la Bibliothèque et par cette démarche solennelle témoigner sa satisfaction à son ministre.

La mort de Colbert en 1683 n'arrêta pas l'impulsion qu'il avait donnée aux accroissements de la Bibliothèque. Comme son prédécesseur, Louvois encouragea le zèle des savants et des agents diplomatiques chargés de recueillir des livres et des manuscrits à l'étranger. Le célèbre Mabillon rapporta d'Italie plus de 4.000 volumes imprimés pendant que MM. d'Avaur et d'Alencé en Hollande, d'Obeil en Angleterre, de La Piquetière en Suisse achetaient de nombreux livres pour le compte du roi. En France, la Bibliothèque recueillait les papiers de Mézeray, 500 manuscrits grecs, latins et français rassemblés par Maurice Letellier, archevêque de Reims, 500 manuscrits de la collection Bigot et 125 volumes provenant de Nicolas Rigault. Mais le fait le plus important pour la Bibliothèque à la fin du règne de Louis XIV fut l'entrée de la fameuse collection de Gaignière composée de 2.910 volumes imprimés, 2.407 manuscrits et d'un nombre considérable de dessins, pièces topographiques, recueils de modes, médailles, etc. Cette collection, répartie entre les quatre départements et journellement consultée, fournit les plus utiles renseignements aux artistes, aux historiens, aux archéologues, qui fréquentent la Bibliothèque nationale.

A cette époque, exactement en 1692, innovation remarquable à rappeler, l'abbé de Louvois, devenu bibliothécaire du roi, prit une mesure dont l'importance n'échappa à personne. La Bibliothèque, qui jusqu'alors n'avait été accessible qu'à quelques privilégiés, fut ouverte au public deux jours par semaine.

Quelque heureux qu'ait été pour nos trésors le règne de Louis XIV, il fut encore dépassé par celui de Louis XV, qu'on a justement appelé « l'âge d'or de la Bibliothèque ». Sous l'habile direction de l'abbé Jean-Paul Bignon, elle s'accrut de près de vingt collections plus considérables les unes que les autres. En 1717, l'abbé de Louvois étant encore à la tête de la Bibliothèque, Charles d'Hozier fait présent au roi de sa fameuse collection généalogique, qui fut le premier fonds du Cabinet des titres. En 1719, les six cents manuscrits d'histoire de France réunis par Philippe de La Mare sont achetés sur les ordres du Régent. La même année, l'abbé Bignon obtient du roi l'autorisation d'acquérir la précieuse bibliothèque de Baluze. Quatorze cents volumes de copies de documents originaux du plus haut intérêt pour l'histoire du Moyen âge entraient ainsi au Département des Manuscrits. Les recueils de Morel de Thoisy renfermaient plus de 6.000 pièces imprimées ou manuscrites, dont la plupart étaient originales ou très rares, sur le droit et les matières ecclésiastiques. Le possesseur les offre généreusement au roi. La même année, Sébastien de Brossard, chanoine de Meaux, lègue au roi son importante collection musicale, qui commence à la Bibliothèque la série de la Musique, une des plus riches et des plus complètes qui existent. En 1730, deux cents manuscrits, restes de la célèbre abbaye de Saint-Martial de Limoges, sont achetés 5.000 livres. En 1731 on paye 12.000 livres 413 volumes de la bibliothèque de la famille de Mesme, notable appoint à la série des documents sur l'histoire de France. Les efforts de l'abbé Bignon sont profitables au Cabinet des Estampes, qui se voit à son tour enrichir de la collection Beringhen renfermant « tout ce que l'art de la « gravure avait produit de plus remarquable à cette « époque ». Plus de 80.000 pièces, épreuves de choix dues au burin des meilleurs artistes de notre pays s'ajoutent au fonds des Estampes. Enfin en février 1732, l'abbé Charles-Eléonor Colbert, plus tard comte de Seignelay, petit-neveu de Colbert, qui avait hérité de la bibliothèque de son grand-oncle, offre au roi tous ses manuscrits tant anciens que modernes, « en « suppliant Sa Majesté de régler elle-même la somme « qu'elle jugerait à propos de lui donner ». Louis XV la fixa à 300.000 livres. A ce prix, la Bibliothèque acquit 6.645 manuscrits anciens, parmi lesquels un millier de manuscrits grecs, environ 700 orientaux et plus de 1.200 volumes de copies de documents, de correspondance, de lettres, de mélanges, etc. Cette acquisition d'une valeur et d'un intérêt hors ligne fut un grand événement, non seulement pour la Bibliothèque, mais encore pour les lettres et l'histoire en France.

Les accroissements qui suivirent, sans avoir la même importance, méritent d'être signalés. Jusqu'alors le fonds oriental de la Bibliothèque ne contenait guère que des manuscrits arabes, turcs et persans. L'administration de l'abbé Bignon lui ouvrit l'Inde et la Chine. En 1723, la Compagnie des Indes fit un envoi de 1.800 volumes. De 1729 à 1837, le zèle des Missionnaires Jésuites et en particulier du Père Le Gac procura à la Bibliothèque des envois assez considérables du Bengale et de Pondichéry pour former dans les collections royales un recueil de livres de l'Inde « peut-être unique dans le monde ».

Les dernières années du règne de Louis XV furent marquées par l'entrée en 1733 des 50.000 volumes du médecin Falconet, par l'acquisition du Cabinet de Fontanieu contenant des centaines de pièces relatives à l'histoire de France et profitables à la fois aux Départements des imprimés, des manuscrits et des estampes. En 1763, M. de Charsigne, neveu de Huet, évêque d'Avranches, cède au roi la fameuse bibliothèque de son oncle, qui lui avait fait retour après le départ des Jésuites, lesquels en étaient devenus propriétaires. Moyennant une rente viagère de 1.750 livres, il se dessaisit en faveur du roi de la collection dont l'Impératrice de Russie lui avait offert 50.000 livres. Son désintéressement patriotique garda à la France 8.000 volumes imprimés des plus précieux sur l'histoire, les lettres et les sciences. Citons encore l'acquisition des manuscrits de Du Cange, le don par Louis Racine des papiers de son père, celui de la collection d'estampes de Lallemand de Betz, environ 15.000 pièces, la cession (en réalité une donation), du Cabinet de Fevret de Fontette, c'est-à-dire de 12.000 documents sur les personnages, les mœurs et les costumes de la France, le don de 25.000 pièces sur l'histoire de la gravure en France réunies par Michel de Bégon, enfin le magnifique abandon fait par le comte de Caylus de ses collections archéologiques, attribuées partie au Département des médailles et partie au Département des estampes.

L'abbé Bignon prit sa retraite en 1741. La Bibliothèque dut à son administration trois mesures des plus
heureuses. C'est à lui que revient l'idée de la divi-
sion en Départements des collections qui jusqu'alors
étaient restées groupées dans le fonds royal. Par son
initiative, quatre Départements furent créés : 1° les
Manuscrits; 2° les Imprimés; 3° les Titres et Généalogies; 4° les Planches gravées. Les Médailles étaient
encore restées à Versailles; leur retour à Paris n'eut
lieu qu'en 1741 pour y former un quatrième Département, celui des Titres et Généalogies étant devenu plus
tard une simple annexe du Département des manuscrits.

Un des premiers actes de l'abbé Bignon, en pre-
nant possession de ses fonctions, fut en mai 1724,
avec l'appui du comte de Maurepas, l'affectation à
la Bibliothèque du roi de l'Hôtel de Nevers, qui
avait servi de local à la Banque de Law et que la
ruine du financier laissait libre. L'Hôtel de Nevers
était la partie du Palais Mazarin qui était échue au
marquis de Mancini, mari de la nièce du Cardinal.
L'autre partie comprenant l'ancien Hôtel Tubeuf et le
bâtiment appelé Galerie Mazarine continua à être
occupée par des services étrangers à la Bibliothèque.
Le Trésor public y fut installé en 1769, il n'en partit
qu'en 1825. Ces bâtiments sont restés à peu près dans
le même état jusqu'en 1856, époque où furent entre-
pris les travaux de restauration et de reconstruction
de la Bibliothèque. En 1880, l'acquisition de terrains
rues Vivienne et Colbert permit d'isoler et d'agrandir
l'établissement, en lui affectant en entier le rectangle

bordé par les rues Richelieu, des Petits-Champs, Vivienne et Colbert.

L'administration de l'abbé Bignon était trop éclairée pour ne pas porter son attention sur le catalogue des collections dont il avait la garde. Le premier catalogue de la Bibliothèque vraiment digne de ce nom, daté de 1622, est de Nicolas Rigault. Il fut revisé et augmenté en 1645 par les frères Dupuy. Nicolas Clément reprit entièrement le travail de 1675 à 1684 et parvint à faire le catalogue de tous les livres imprimés, alors au nombre d'environ 40.000. C'est lui qui divisa les volumes en 23 séries, suivant la matière traitée dans l'ouvrage, en affectant une lettre à chaque série. Ce classement a servi de règle aux travaux ultérieurs, et encore aujourd'hui tous les livres du Département des imprimés sont répartis en catégories désignées par les lettres de l'alphabet. Vers 1735, l'abbé Bignon, après une refonte du catalogue de Clément, en entreprit l'impression. De 1739 à 1753, parurent six volumes consacrés à la théologie, aux belles-lettres et à la jurisprudence. Pendant la même période, quatre volumes contenant le catalogue des manuscrits orientaux, grecs et latins furent publiés. Arrêtée à cette époque, l'impression des catalogues ne devait être reprise qu'un siècle plus tard sous l'administration de M. Taschereau. De 1855 à 1874 ce dernier fit paraître douze volumes de catalogue de l'Histoire de France et des sciences médicales. C'est seulement en 1897 que fut commencée l'impression du *Catalogue général par noms d'auteurs;* le 80e volume avec la lettre K verra le jour en 1924.

Malgré ses embarras financiers, le Gouvernement de
Louis XVI ne laissa passer aucune occasion d'augmen-
ter les collections de la Bibliothèque. En 1776 le possesseur d'un cabinet de 3.000 pièces, médailles ou monnaies, qui était réputé pour le plus riche qui eût jamais
existé, Pellerin, le vendit au roi pour 300.000 livres.
Quelques années plus tard, en 1783, la vente de la
fameuse bibliothèque de La Vallière permit d'acheter
des imprimés, des manuscrits et des estampes des plus
rares et des plus précieuses. De 1785 à 1789, à la veille
même de la Révolution, la Bibliothèque paie 24.000
livres la collection des œuvres de Rembrandt; 60.000
livres les manuscrits et portefeuilles de M. Abeille;
10.851 livres les médailles de M. Dennery. Jusqu'à sa
fin, l'ancien régime resta fidèle à sa tradition, en
veillant à l'accroissement de la Bibliothèque du
roi.

Avec la Révolution commence pour nos collections
une nouvelle période de prospérité. La suppression
des établissements religieux et la confiscation des
biens des émigrés font affluer dans le domaine natio-
nal un nombre considérable de trésors du plus haut
prix. Pour les recevoir, on ouvrit à Paris et dans les
départements des dépôts littéraires, dans lesquels
deux gardes du Département des imprimés, Van Praet
et Capperonnier, furent appelés à faire un choix pour
les collections nationales. C'est ainsi que la Bibliothèque put recueillir les manuscrits des Abbayes de
Saint-Germain-des-Prés, de Saint-Victor, de la Sor-
bonne, le médaillier de l'Abbaye de Sainte-Geneviève
avec ses 22.000 médailles et une foule d'objets d'art

La Chambre à coucher de Mazarin.
État actuel.

La Cour de l'Hôtel de la Bibliothèque, rue des Petits-Champs.
(Ancien Hôtel Tubeuf.)

et de curiosité conservés au Muséum, au Garde-meuble, etc.

Sous le Consulat et l'Empire, l'affluence des volumes venant de France et de l'étranger ne diminua pas. Napoléon Ier s'occupait avec le plus vif intérêt non seulement des collections de la Bibliothèque, mais encore de sa réorganisation. En 1805, il fit inscrire à son budget un crédit de 130.000 francs, premier à-compte d'une somme de 1.000.000, pour acheter « de « bons ouvrages publiés en France depuis 1785 ». Il voulait prélever dans les bibliothèques françaises tout ce qui manquait à la Bibliothèque. Ainsi on aurait été certain, disait-il, que lorsqu'un livre ne se trouve pas à la Bibliothèque, il n'existe pas en France. C'était en réalité l'idée du Catalogue général de tous les livres possédés par les bibliothèques françaises, à laquelle on revient de nos jours.

La Restauration et le Gouvernement de Louis-Philippe furent eux aussi marqués par des acquisitions et des dons importants. En 1817, Louis XVIII donna 20.000 francs sur sa cassette pour permettre à la Bibliothèque de faire figure à la vente Mac Carthy. Le duc Decazes lui accorda des crédits supplémentaires à l'aide desquels le Département des médailles put acheter les collections des Antiquités égyptiennes rapportées par M. Cailliaud, les séries grecques de Cousinéry, le Cabinet Allier de Hauteroche, tandis que le Département des manuscrits s'enrichissait des livres et manuscrits orientaux de Langlès.

En 1848, M. Jean Rousseau cède d'importantes séries de médailles françaises, et en 1851 le Docteur

Jecker fait donation à la Bibliothèque de sa collection
d'estampes.

L'administration de M. Taschereau, de 1852 à 1874,
se signale par les réformes les plus sages et les plus
libérales, qui furent l'œuvre de la Commission de
1858, constituée sur ses suggestions et présidée par
Mérimée. C'est elle qui décida la suppression de la
fermeture pendant les vacances, la prolongation des
séances, la création de deux salles au Département
des imprimés, une salle de travail, inaugurée en 1868,
et une salle publique de lecture. En même temps la
condition des fonctionnaires était améliorée et les
travaux de classement, d'inventaire et de catalogue
recevaient une vigoureuse impulsion. C'est sous
l'administration de M. Taschereau que furent publiés
le *Catalogue de l'Histoire de France* et le *Catalogue des
sciences médicales.* En 1863, le Département des imprimés reçut plus de 100.000 volumes sur la Révolution
française réunis par Labédoyère. Au Département
des estampes, la donation de M. Hennin et l'acquisition de la collection Devéria, au Département des
médailles, la donation de la riche collection du Duc
de Luynes puis celle du vicomte de Janzé méritent
une mention spéciale. En même temps d'importantes et judicieuses acquisitions faites aux ventes
Solar, Ymeniz et Pichon enrichissaient la Réserve
du Département des imprimés d'unités rares et précieuses. Pour faire face à ces acquisitions de choix,
les crédits de la Bibliothèque furent augmentés d'un
supplément de 301.000 francs. On peut dire qu'encore
aujourd'hui la Bibliothèque suit la direction qui lui

Portrait de Colbert.
Gravure de Robert Nanteuil.

Le Cabinet des Médailles du Roi.
Reconstitution du Cabinet de Louis XV.

a été donnée il y a plus de 60 ans par l'administrateur
dont elle garde le reconnaissant souvenir.

A M. Taschereau succéda en 1874 M. Léopold
Delisle, conservateur du Département des Manuscrits,
dont le nom tenait déjà une première place dans le
monde de l'érudition. Pendant les trente et une années
de 1874 à 1905 qu'il administra la Bibliothèque, les
dons et les acquisitions se succédèrent presque sans
interruption dans les quatre départements. On peut
signaler parmi les principaux accroissements du
Département des Imprimés : en 1885, le don par
M. Bengesco de sa collection sur Voltaire; en 1887, le
legs de M. Angrand de ses livres et documents relatifs
à l'ancienne Amérique; en 1891, le don par Mme Cal-
mann Lévy de la bibliothèque d'Ernest Renan ; en
1896, le don de Mlle Dodu de la collection napoléo-
nienne du baron H. Larrey; en 1897, la donation par
M. Audéoud d'une magnifique collection de livres
modernes, richement reliés; en 1899, le legs par
M. Ristelhueber de son importante bibliothèque alsa-
cienne; en 1902, le don fait pár l'Académie des
sciences de la collection d'ouvrages basques de
M. Ant. d'Abbadie. Le Département des manuscrits
a enregistré : en 1878, l'acquisition des manuscrits
visigothiques de l'Abbaye de Silos; de 1878 à 1884,
l'achat de manuscrits précieux de la collection de
A. Firmin-Didot; en 1866 et 1899, le don des manuscrits sanscrits et des papiers d'Eugène Burnouf;
en 1888 et 1901, l'acquisition des manuscrits Libri-
Barrois de la collection Ashburnham; en 1889, le legs
des manuscrits de Victor Hugo; en 1895, le don par

Mme Renan des manuscrits et de la correspondance
d'Ernest Renan; en 1897, le don des manuscrits de
Lamartine; en 1900, le don par Mlle Dosne des papiers
de M. Thiers.

Pendant la même période, le Département des
Médailles s'enrichit : en 1874, du legs des antiquités
grecques et romaines du Commandant Oppermann ;
en 1877, des monnaies du baron d'Ailly; en 1880,
du legs des médailles et camées du vicomte de
Saint-Albin; en 1888, du legs des médailles de la
Renaissance d'Alfred Armand; en 1890, de l'achat de
la collection des monnaies mérovingiennes formée par
Ponton d'Amécourt; en 1897, de l'acquisition des monnaies grecques de Waddington; en 1899, du don de
pierres gravées antiques dû à M. Pauvert de La
Chapelle; en 1902, du don de monnaies et médailles
d'Alsace fait par M. Carlos de Beistegui.

Au Département des Estampes, nous citerons en
1881, le legs de M. Gatteaux; en 1885, le legs de la
collection Edouard Fleury sur l'Aisne; en 1890 et 1893,
l'achat de la collection Destailleur; en 1898, le
don de 3.000 pièces de M. P. Renouard; en 1899,
l'acquisition de 1.850 volumes japonais réunis par
M. Th. Duret; en 1901, celle de 1.700 épreuves
modernes contemporaines rassemblées par M. Ardail.

Indépendamment de ces accroissements considérables, c'est encore à l'administration de M. Léopold
Delisle que la Bibliothèque doit l'isolement et l'agran-
dissement de ses bâtiments, la prolongation des
séances des salles de travail et de lecture; l'ouver-
ture de l'atelier de photographie; le rattachement à la

Bibliothèque nationale des Bibliothèques des Palais de Compiègne et de Fontainebleau. Il y a lieu de rappeler que dès son entrée en fonctions, le savant administrateur conçut le projet de faire inventorier et numéroter, non seulement les livres au fur et à mesure de leur entrée à la Bibliothèque, mais encore tous ceux qui depuis la Révolution et l'Empire, étaient conservés au Département des imprimés sans numéro et sans mention dans un catalogue. A M. Delisle appartient aussi l'idée de la publication des *Bulletins mensuels français et étrangers*. C'est lui enfin qui sut préparer la confection du Catalogue général, dont l'impression, commencée en 1897, atteignait le tome 21 au moment de son départ. Si l'on ajoute à ces impressions celles qui ont été exécutées, comme catalogues spéciaux au Département des imprimés et les publications faites dans les autres départements, on arrive à un total de près de 150 volumes de catalogues, dont la Bibliothèque est redevable à l'administration de M. Léopold Delisle.

Les dix-neuf dernières années ont été celles de l'administration de M. Henry Marcel (1905 à 1913) et de M. Homolle (1913 à 1924). Elles ont été marquées par des donations considérables, parmi lesquelles au premier rang, il faut citer celle que M. le baron C. de Vinck a faite en 1906 au Département des estampes de sa collection de 500.000 pièces françaises et étrangères en noir et en couleur, de dessins originaux, de portraits et scènes historiques du plus grand intérêt pour l'histoire de France, de 1770 jusqu'à 1871. Elle est d'autant plus précieuse pour la Bibliothèque, qu'elle y

forme la suite de la collection Hennin consacrée, elle
aussi, à l'histoire de France. En 1908, c'est l'acquisition de manuscrits importants pour l'histoire de
France à l'une des ventes de la célèbre collection
Phillipps de Cheltenham. En 1909, M. Pelliot, membre
de l'Institut, a donné au Département des manuscrits
5 à 6.000 livres et manuscrits chinois qu'il avait rap-
portés de sa mission en Extrême-Orient, et qui font
de notre collection chinoise la plus importante qui
existe en Europe. Au début de l'administration de
M. Homolle, Mlle Smith et Mme Champion-Smith,
obéissant au désir de leur mère et de leur oncle
M. Lesouëf, se sont dessaisies de la magnifique bibliothèque de ce grand amateur parisien. 20.000 volumes
imprimés, parmi lesquels beaucoup de livres rares
et précieux, près de 200 manuscrits intéressants, des
centaines de médailles, des milliers d'estampes ont
constitué la Fondation Smith-Lesouëf. Les donatrices
ont encore ajouté à leur libéralité la construction et
l'installation d'un bâtiment spécial à Nogent-sur-
Marne pour y loger les collections données à la
Bibliothèque, et l'affectation d'une somme de 250.000
francs à la conservation et à l'entretien de cette
importante annexe de la Bibliothèque nationale. De
1916 à 1921, le Département des manuscrits a reçu
la collection de manuscrits orientaux de M. Martin,
les papiers politiques et autographes de M. Joseph
Reinach, la correspondance de M. Gaston Paris,
les papiers historiques de M. Germain Bapst. Enfin
en 1922, le Département des imprimés a été autorisé
par le testament de Mme la baronne Salomon de

La Salle de travail du Département des Imprimés,
ouverte en 1868.

Un aspect du Magasin Central des Livres imprimés.

Rothschild à faire choix des volumes qui pourraient lui convenir dans sa luxueuse bibliothèque.

On frémit en songeant que tant et d'aussi belles choses accumulées depuis des siècles auraient pu être anéanties dans le bombardement de Paris. Malgré le départ de plusieurs centaines de caisses contenant un choix de nos trésors qui partirent dans le Midi, sous la garde de M. Pol Neveux, inspecteur général des Bibliothèques et qui, grâce à ses bons soins et à sa vigilance, en sont revenues parfaitement intactes, le gros de nos collections était resté rue Richelieu. Rien en apparence ne fut changé dans nos services pendant la guerre. Depuis le premier jour de la mobilisation jusqu'à celui de la victoire, nos salles sont restées ouvertes, nos services ont fonctionné sans une interruption, même d'une heure. Si l'ennemi a jamais cru à l'efficacité de ses procédés d'intimidation sur le moral du Français, il a pu être détrompé en s'informant de ce qui se passait à la Bibliothèque, de 1914 à 1918.

Les collections de la Bibliothèque nationale sont réparties entre quatre Départements : 1° Imprimés, cartes et collections géographiques ; 2° Manuscrits ; 3° Médailles, pierres gravées et antiques; 4° Estampes. Chacun de ces départements a sa salle de travail ouverte : aux Imprimés tous les jours de 9 à 4, 5 et 6 heures; aux Manuscrits, aux Médailles et aux Estampes, de 9 à 4 et 5 heures. Il y a en outre au

Département des imprimés une salle publique de lecture ouverte même le dimanche. La visite des salles et galeries d'exposition a lieu le jeudi et le samedi, de 10 heures à 4 heures. Un projet d'éclairage de la salle de travail du Département des imprimés soumis actuellement au Parlement permet d'espérer que dès l'hiver prochain, les séances pourront être prolongées jusqu'à 6 heures en toutes saisons.

Le nombre des collections sur lequel l'administration est souvent interrogée, peut être évalué comme il suit :

Imprimés, cartes et collections géographiques : 4.000.000 de volumes et pièces, dont 200.000 cartes géographiques;

Manuscrits : 130.000;

Médailles : 234.300 médailles, 5.050 camées et intailles; 6.500 bronzes, terres cuites et objets antiques;

Estampes : 3.000.000.

A ces chiffres correspond un nombre de lecteurs et de communications, qui s'est élevé en 1923 pour les lecteurs à 188.459 et pour les communications à 515.530.

Les volumes du Département des imprimés s'étendent sur une longueur de 85 kilomètres de rayons. Cette simple constatation suffit à expliquer la lenteur des communications dont les lecteurs se plaignent souvent avec raison et qui a aussi pour cause l'état rudimentaire de nos moyens de transport des livres et l'absence de communications téléphoniques, d'envois automatiques des bulletins de demande des lecteurs dans les services, etc. Le rajeunissement de notre machinerie est une des premières réformes à réaliser, parce que les demandes des lecteurs en ressentiraient immédiatement l'heureux effet.

Avec l'éclairage de la salle de travail et l'amélioration du matériel, l'administration se préoccupe de hâter la confection du Catalogue général (auteurs, anonymes et matières). Nul doute que dans des temps moins difficiles les Chambres ne votent une augmentation du faible crédit de 50.000 francs affecté actuellement à l'impression du Catalogue, crédit qui est absorbé et au delà par les frais d'impression de deux volumes. Pour l'exécution de ses projets, l'administration sait qu'elle peut compter sur des concours généreux et éclairés qu'elle a déjà reçus de riches amateurs. L'adoption du projet de réorganisation, en ce moment proposé au Parlement, en donnant à la Réunion des Bibliothèques nationales la personnalité civile et l'autonomie financière, aidera puissamment aux réformes que l'administration a en vue. En facilitant les libéralités des particuliers, en rendant possible l'utilisation des recettes provenant d'expositions, de droits sur les reproductions photographiques, de la vente des catalogues, des cartes postales, etc., la personnalité civile et l'autonomie financière procureront à la Bibliothèque des ressources, grâce auxquelles elle pourra mettre en valeur ses merveilleuses collections, au grand avantage des amis des lettres, des sciences et des arts.

TABLE DES PLANCHES

DOCUMENTS D'ART

Collection d'ouvrages d'amateur in-4° (18 × 24)
comportant un texte et un album de planches
en portefeuille. La série se vend également
reliée demi-chagrin, tête dorée, moyennant un
supplément de **25 fr.** par volume.

I. MUSÉE DU LOUVRE

Le Mobilier Français, par Carle Dreyfus. 2 volumes,
92 planches .. .. **70 fr.**

Les Objets d'Art du XVIIIe siècle, par Carle Dreyfus.
2 volumes, 69 planches, dont 12 en couleurs. **75 fr.**

La Céramique Française, par Mlle M.-J. Ballot. 1 volume,
48 planches, dont 25 en couleurs .. .. .. **75 fr.**

La Céramique Chinoise, par J.-J. Marquet de Vasselot et
Mlle M.-J. Ballot. 2 volumes, 84 planches, dont 60 en
couleurs .. .. **130 fr.**

L'Orient Musulman, par Gaston Migeon. 2 volumes,
103 planches, dont 30 en couleurs .. .. .. **120 fr.**

L'Estampe Japonaise, par Gaston Migeon. 2 volumes,
77 planches, dont 37 en couleurs .. .. .. **100 fr.**

Les Dessins de Michel-Ange, par Louis Demonts.
1 volume, 18 planches . .. . **25 fr.**

Les Dessins de Léonard de Vinci, par Louis Demonts.
1 volume, 26 planches. .. .. **35 fr.**

Les Dessins de Claude Gellée, dit le Lorrain, par Louis
Demonts. 1 volume, 56 planches .. .. .. **50 fr.**

Prud'hon, par Jean Guiffrey. 1 vol., 47 planches. **50 fr.**

II. MOBILIER NATIONAL

Les Tapisseries d'Ameublement, d'après les cartons de
François Casanova. 1 volume, 56 planches, dont 12 en
couleurs .. .. **60 fr.**

Le Mobilier Louis XVI. 1 volume, 56 planches. **40 fr.**

Le Meuble-Toilette, Styles Louis XV, Louis XVI, Premier
et Second Empire. 1 volume, 48 planches . .   **45 fr.**
Les Tables, Styles Louis XVI et Premier Empire. 1 vol.,
58 planches .. ..   **50 fr.**
Les Sièges de Georges Jacob, Epoques de Louis XV, de
Louis XVI et Révolutionnaire. 1 volume, 43 pl.   **35 fr.**
Les Sièges de Jacob frères, Epoques du Directoire et du
Consulat. 1 volume, 42 planches .. .. ..   **35 fr.**

III. MANUFACTURES NATIONALES

Le Biscuit de Sèvres, Epoques du Directoire, du Consulat et de l'Empire, par MM. Lechevalier-Chevignard et
Maurice Savreux. 40 pl. dont 12 en couleurs.   **40 fr.**
La Manufacture de la Savonnerie, par Louis Braquenié
et Jean Magnac. 32 pl., dont 15 en couleurs.   **75 fr.**

IV. ART ORNEMENTAL

L'Alhambra de Grenade, par H. Saladin. 1 volume,
40 planches :. .. ..   **30 fr.**
Tissus indiens du Vieux Pérou, par R. et M. d'Harcourt.
1 volume, 40 planches, dont 36 en couleurs.   **80 fr.**
Vignettes Décoratives dans le goût du jour, par Louis
Gillet. 1 volume, 30 planches en couleurs ..   **60 fr.**

V. L'ŒUVRE GRAPHIQUE

Les Eaux-fortes de Claude Gellée, par André Blum.
1 volume, 38 planches.. .. ..   **50 fr.**
L'Œuvre gravé d'Abraham Bosse, par André Blum.
1 volume, 44 planches. .. ..   **50 fr.**

ÉDITIONS ALBERT MORANCÉ
A PARIS, 30 & 32, RUE DE FLEURUS

www.ingramcontent.com/pod-product-compliance
Lightning Source LLC
LaVergne TN
LVHW050648060726
842527LV00004B/1542